Köstliche Rezepte für jeden Anlass, Verpackungs- und Transporthinweise und jede Menge kulinarischer Überraschungen und zauberhafte Illustrationen kommen aus der Homemade®-Werkstatt.

Bislang bei Gerstenberg:

Homemade
99 kulinarische Mitbringsel
ISBN 978-3-8369-2570-9

Homemade Party
99 kulinarische Mitbringsel
ISBN 978-3-8369-2591-4

Homemade Weihnachten
99 kulinarische Überraschungen
und 4 Festmenüs
ISBN 978-3-8369-2603-4

Text: Regina Schneider & Birgit Hackl
Illustrationen: Miriam Koch
Gestaltung und Satz: typocepta, Wilhlem Schäfer, Köln
Printed in China

www.gerstenberg-verlag.de

ISBN 978-3-8369-2604-1

Homemade

Meine Rezepte

GERSTENBERG

Jaqueline Walter

TARTELETTES MIT KIRSCHTOMATEN UND ZIEGENKÄSE

1 Rolle Blätterteig aus dem Kühlregal, 200 g Ziegenfrischkäse, 4 Zweige mit jeweils 5 Kirschtomaten, Olivenöl, Salz, Peffer, 1 Ei, Sesam

Für 4 Personen
Ofen auf 220 Grad vorheizen. Blätterteig ausbreiten und mit einer Tasse (ø ca. 9 cm) vier Kreise ausstechen. Auf ein Blech mit Backpapier legen. Vier weitere Kreise ausstechen, mit einer kleineren Tasse (ø 8 cm) das Innere ausstechen, sodass ein Rand entsteht. Diesen auf die Teigkreise legen. Den Ziegenkäse in das Innere der Tartelettes krümeln, je einen Zweig Kirschtomaten darauflegen und Olivenöl darüberträufeln. Mit Salz und Pfeffer würzen. Ei verquirlen und den Rand der Törtchen damit bepinseln. 20 Minuten in den Ofen schieben. (Aus restlichem Teig Sticks formen, in Sesam wälzen, kurz mitbacken.) Heiß servieren.

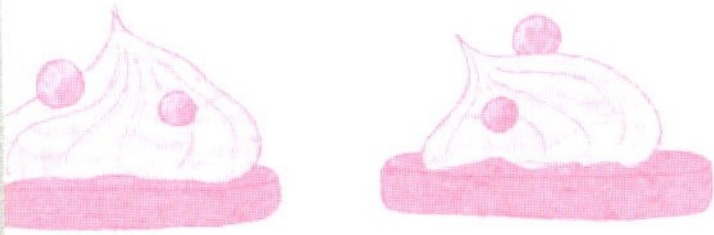

Bratwurst i. Brotteig

Nbg. Bratwürste gebrüht (Lidl, Aldi..)

Salzbrezen gefroren

Brezen auftauen aus Teig Streifen formen, Würste umwickeln, mit groben Salz bestreuen im Backofen ca 10-15 min.

Flammkuchle

1 Paket Blätterteig (TK 10 Platten)
1 Becher Creme fraiche
1 Paket Käse nach Wahl
1 " Speck gewürfelt
1 Zwiebel
1 Bund Schnittlauch
Salz, Pfeffer etwas Wasser

Blätterteig auftauen lassen, Ränder mit Wasser bestreichen und ca. 1 cm einklappen, fest drücken. Die Zwiebel in Würfel und Schnittlauch klein schneiden.

Creme fraiche m. Salz, Pfeffer würzen. Die eingeklappten Blätterteigscheiben in der Mitte mit Creme fraiche füllen, dann Speck, Zwiebel, Schnittlauch zuletzt den Käse drüber streuen.
Nach Anweisung auf der Blätterteigpackg. backen.

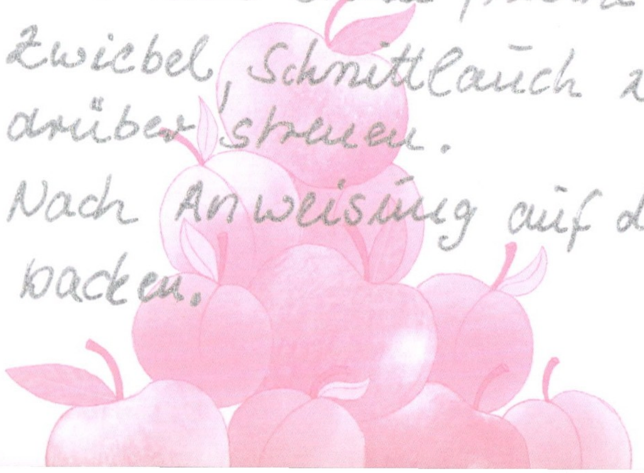

Pizzateig

1/8 Liter Wasser
1/4 Stck Hefe
1 Prise Salz
} verrühren

1 Eßl. Olivenöl

Mehl soviel bis Teig nicht mehr klebt

ca 30 Min gehen lassen.

Kartoffelpüffer (Jlona)

gekochte Kartoffeln zerdrücken
Salz, Pfeffer, Kümmel gemahlen
2 Eigelb
Petersilie, Knoblauch

vermengen und zu Masse kneten
in Eiweiß wenden und ausbacken.

Mehlknödel m. Semmeln

500 gr. Mehl
etwas Salz
3 Eidotter
Milch

Milch ins Mehl soviel daß der Teig
fast flüssig ist einen halben Teelöffel
Backpulver zugeben, dann gewürfelte
Brötchen unterrühren bis es ein fester
Teig ist, lange Knödel formen
ca. 25 Min kochen.

Mehlspatzen f. Linsen

½ ~~Ltr~~ Mehl
Milch aufgießen
2 Eier
Salz Spatzen Eigröße

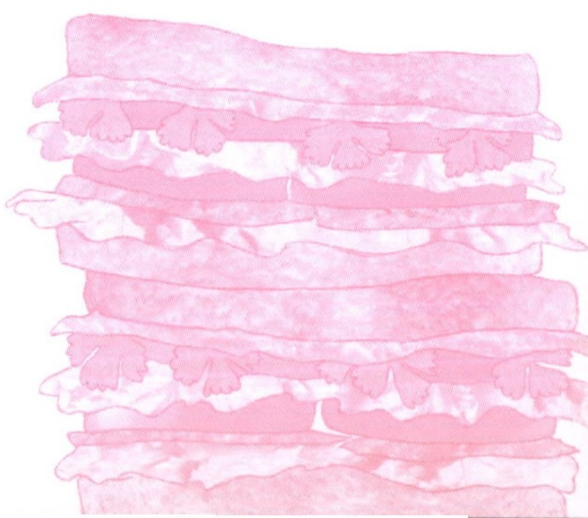

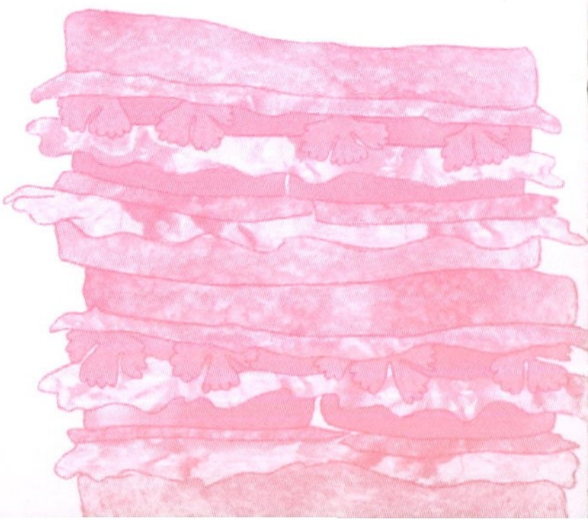

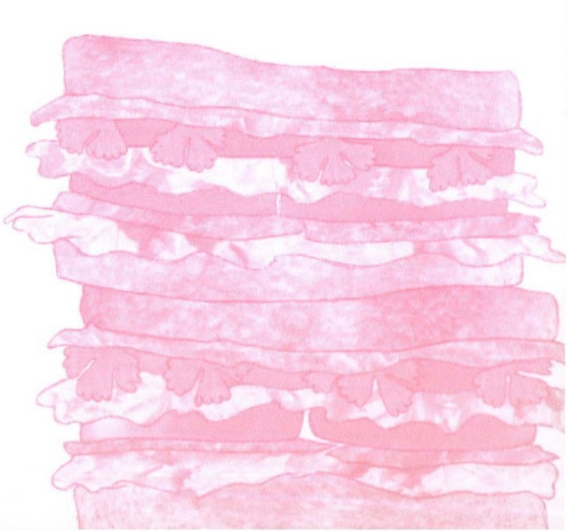

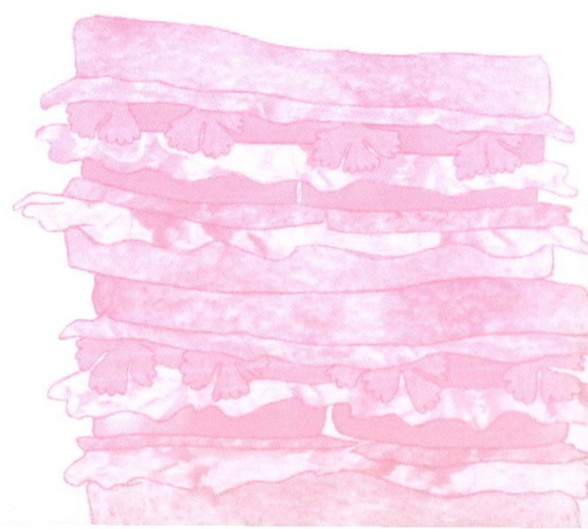

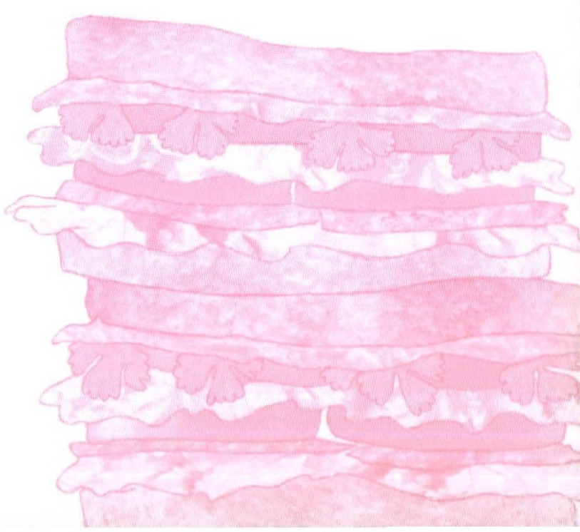

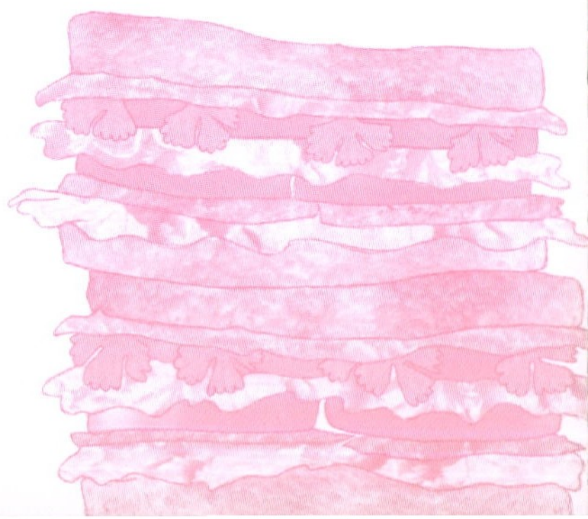

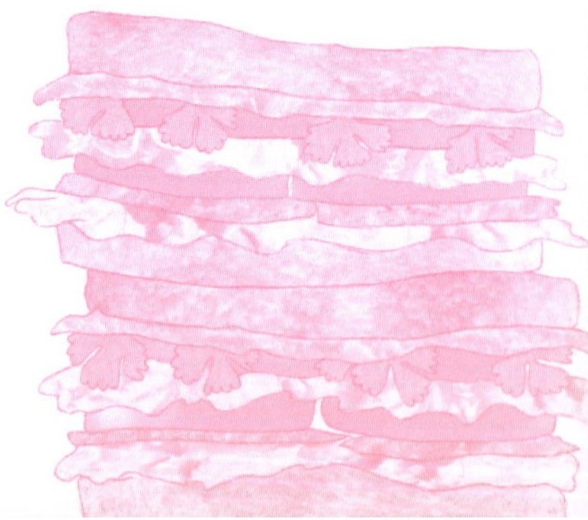

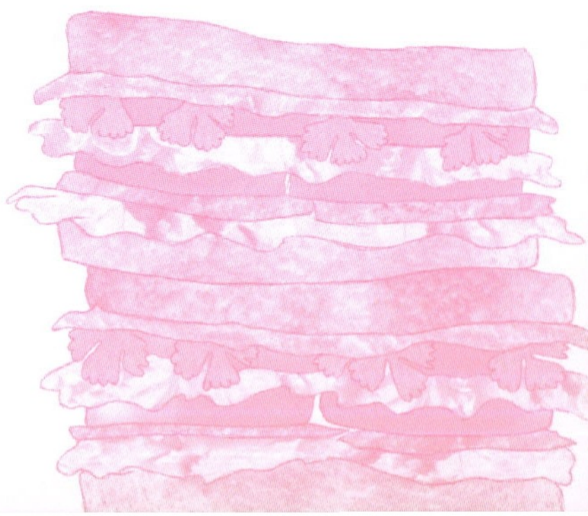

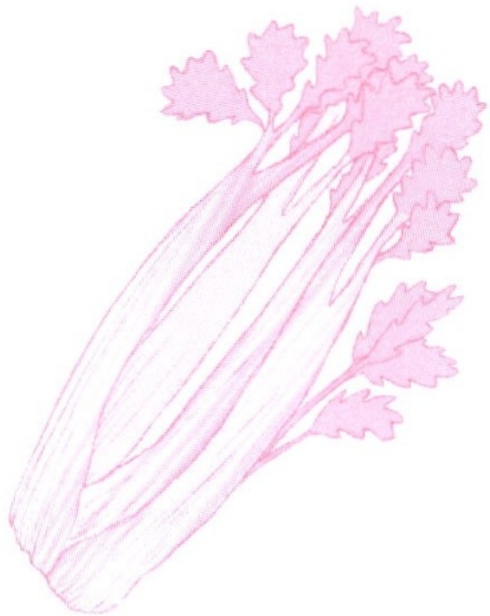

Serbische Bohnensuppe „Oma“

Zwiebeln glasig in Öl anbraten
Hackfleisch dazugeben
Ripple in Stücke hinzugeben
Champignons dazugeben
Köcheln lassen

1 Dose weiße Bohnen
1 Dose Kidney Bohnen

Majoran, Rosmarin, Liebstöckel,
Salz, Pfeffer, Paprika, Fondor

Pichelsteiner

Karotten
Bohnen
Kartoffeln
Bündle
Mehl andicken

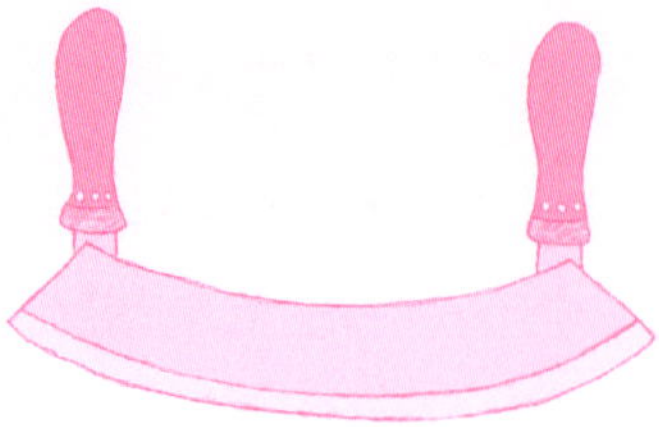

Oliven Öl

Maschien „Oma“

3 Kotletts salzen u. pfeffern
in etwas Fett anbraten etwa ¼ l. Rinderbrühe dazugeben.

Karotten, Kartoffeln in Würfel dazugeben
Lauchscheiben am Schluß köcheln lassen
nicht rühren!

mit Schnittlauch bestreuen und servieren.

Tafelspitz m. Gemüse

Rinderbrust im Dampfkochtopf kochen mit Brühe.
Kartoffel u. Karotten würfeln und in Brühe geben. Lauchringe am Schluß dazugeben
10 min. ziehen lassen.

Hackfleischtopf „Fr. Massari"

2 Zwiebeln
1 Stg. Lauch
500gr. Hackfleisch
5 Löffel Tomatenpüree
Brühe
1 Löffel Senf
Paprikapulver
Salz

15 Min. Kochen

1/4 l. Sauerrahm

Hundefutter

gem. Hackfleisch / karotten } in gleichen Mengen

Brühe (Rind)
Salz, Pfeffer, Petersilie

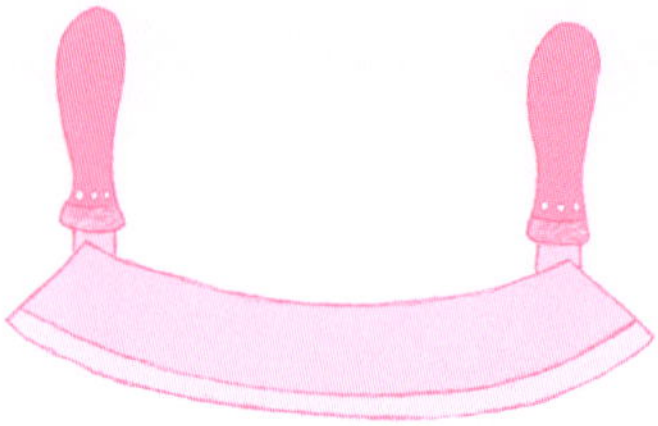

Oliven ÖL

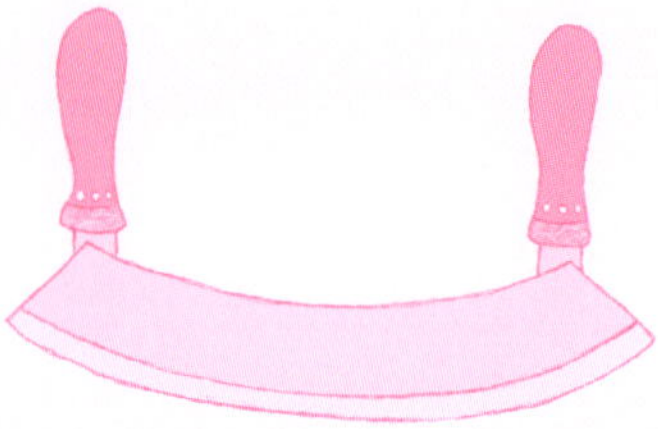

Oliven ÖL

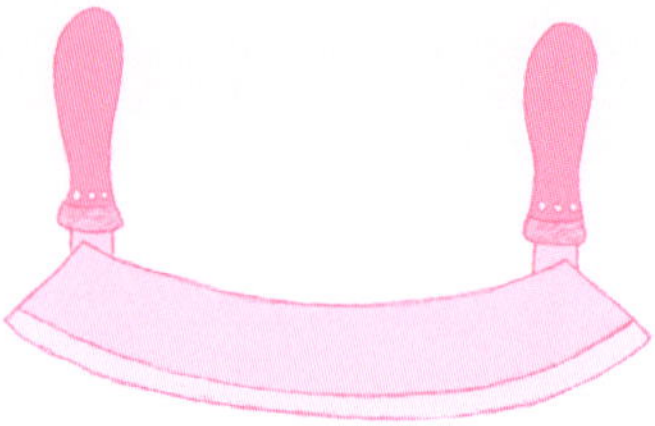

Oliven Öl

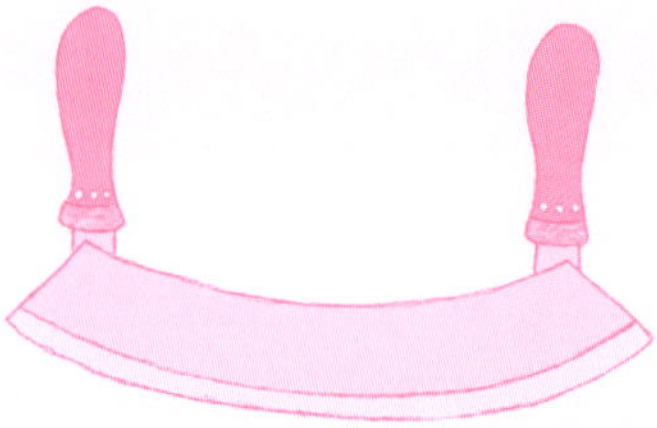

Oliven
ÖL

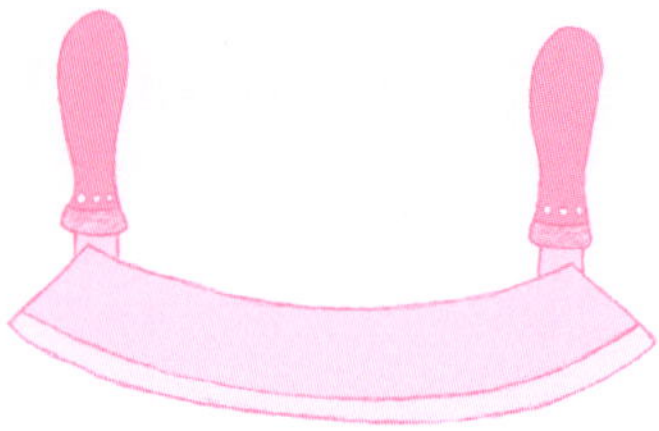

Oliven Öl

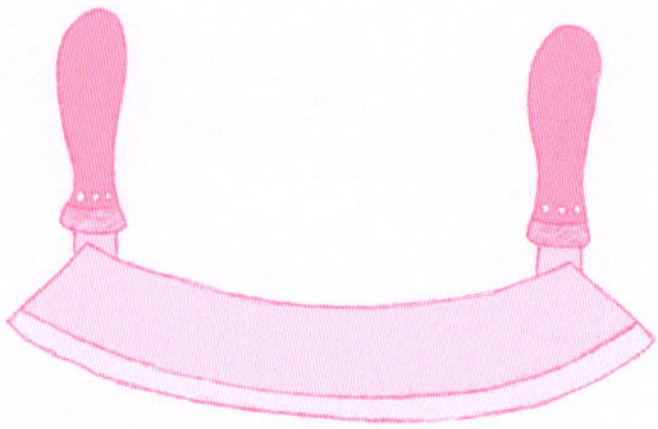

Oliven
ÖL

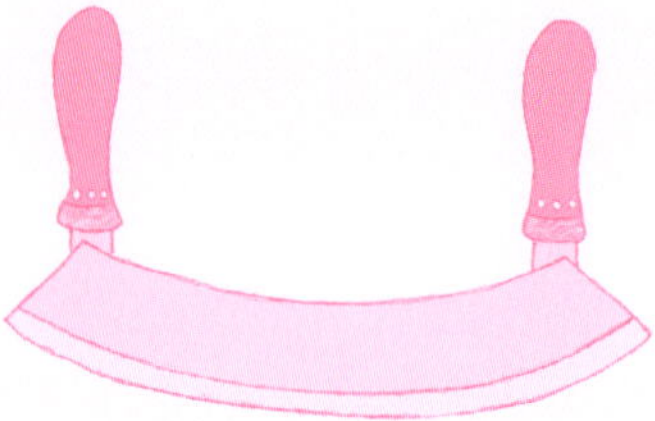

Oliven Öl

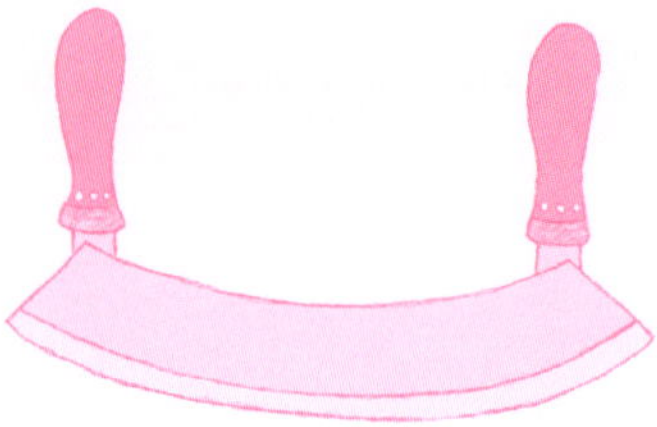

Oliven ÖL

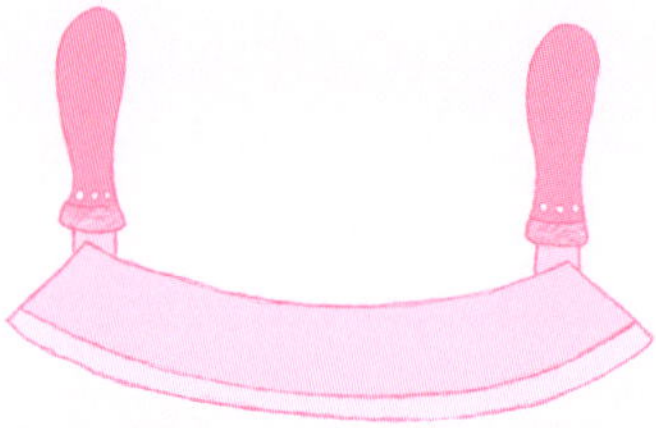

Oliven ÖL

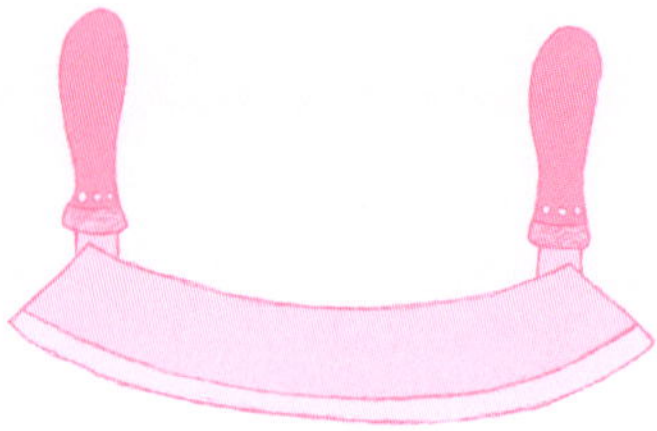

Oliven Öl

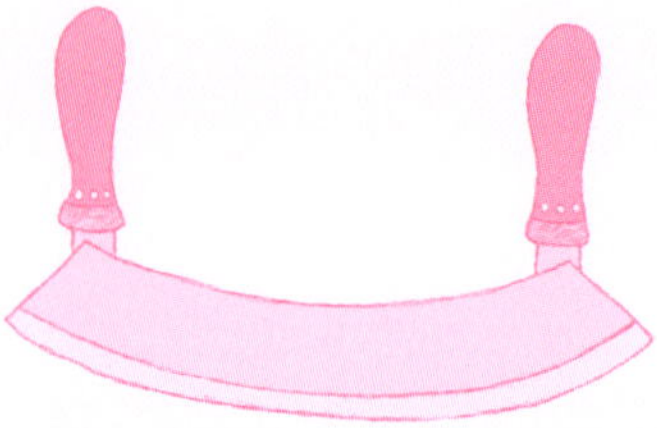

Oliven Öl

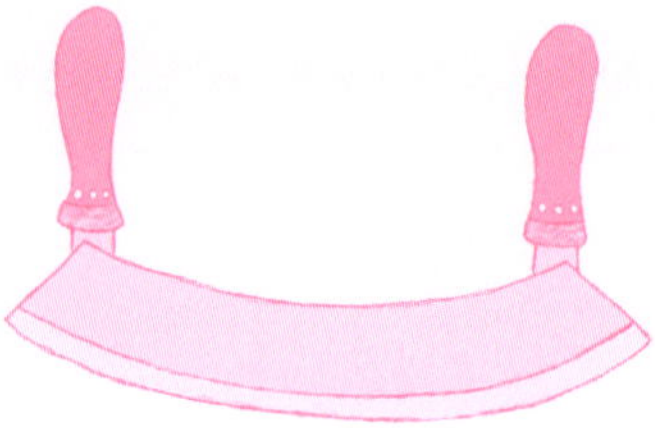

Oliven Öl

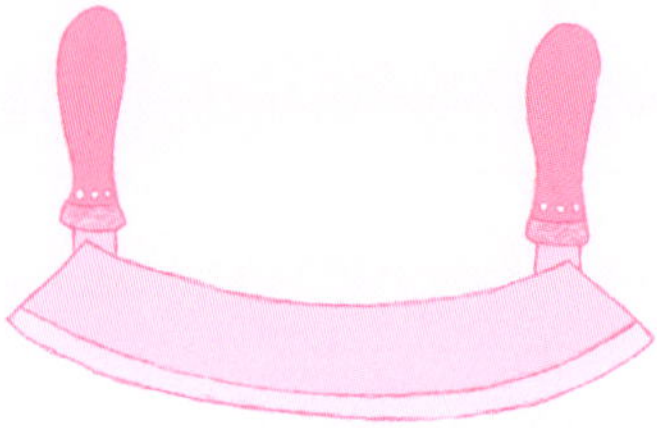

Oliven ÖL

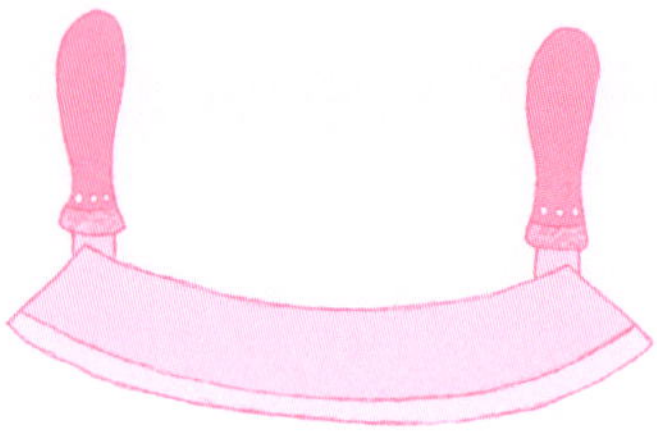

Oliven Öl

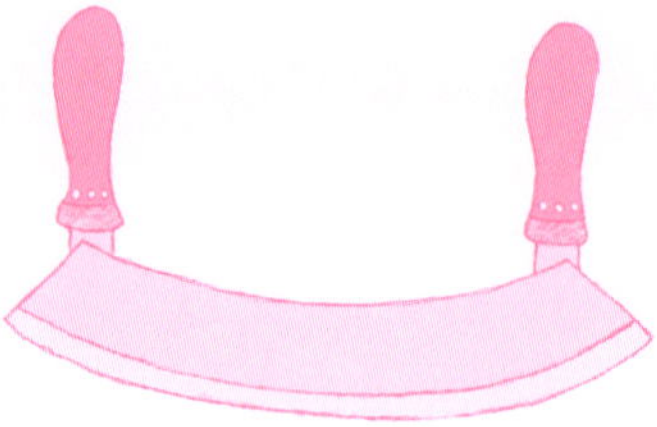

Oliven Öl

Nervenkekse

Seiten 18–25:

Petits Fours

Zutaten für ca. 10 Stück:
5 Eier, 1 Becher Sahne, 1 Sahnebecher voll Zucker, 2 Sahnebecher Mehl
1 TL Backpulver.

Zubereitung: Eier mit dem Zucker schaumig schlagen. Mehl, Backpulver und Sahne hinzufügen. Den fertigen Teig auf ein gefettetes Backblech streichen und bei 140 Grad für ca. 10 Min goldgelb backen. In Streifen schneiden, mit Gelee (je nach Geschmack, für einen besseren Halt) bestreichen, übereinanderlegen und in kleine Blöcke schneiden. Würfel nach Belieben in flüssige weiße oder dunkle Schokolade tauchen und nach Bedarf mit Blüten oder Ähnlichem verzieren.
(Die Zuckerblüten in der Geschichte stammen von Evers & Tochter: www.eversundtochter.de)

Baisers in Pastell

Zutaten für ca. 20 Stück: 2 große Eiweiß, 1 Prise Salz, 125 g sehr feiner Zucker, 1 TL Zitronensaft, einige Tropfen gelbe und grüne Lebensmittelfarbe.

Zubereitung: Eiweiß und Salz schaumig schlagen. Wenn das Eiweiß beginnt, fest zu werden, den Zucker langsam einrieseln lassen, dann Zitronensaft dazugeben. So lange weiterschlagen, bis sich steife Spitzen bilden und die Masse glänzt (etwa 5 Minuten). Masse in 2 Schüsseln aufteilen und in jede Schüssel einige Tropfen der jeweiligen Lebensmittelfarbe geben und vorsichtig unter die Baisermasse ziehen. Ofen auf 100 Grad vorheizen, zwei Backbleche mit Backpapier auslegen. Beide Farben in jeweils einen Spritzbeutel mit Sterntülle füllen und mit ein wenig Abstand ca. 6 cm große Nester auf das Blech spritzen. 2–3 Std. backen. Dann Ofen ausschalten, die Baisers vollständig in dem Ofen durchtrocknen und auskühlen lassen. Sie sind fertig, wenn sie sich leicht vom Backpapier lösen lassen und beim Draufklopfen hohl klingen. In luftdicht verschließbaren Dosen aufbewahren.

Käsekuchen Mikrowelle (2 Portionen)

250 gr. Quark
2 Eier
2 Löffel Zucker (Vanillezucker)
2 EßL. Stärkemehl

mischen 500 Watt 8 Min. m. Deckel

Salzburger Nockerl

(Abbildung umseitig)

Das wird gebraucht:

5 Eiweiß, 70 g Puderzucker, 30 g Mehl, 1 Päckchen Vanillinzucker, 3 Eigelb, 2 Eßlöffel Rum, 25 g Butter.

So wird's gemacht:

Das Eiweiß sehr steif schlagen und nach und nach den Zucker dazugeben und nochmals sehr steif schlagen. Das Eigelb, Vanillinzucker, Rum und Mehl anschließend vorsichtig unterheben.

Die Butter in einer Auflaufform gut vorwärmen, mit einer Teigkarte von der Masse große Nockerl abstechen und in das warme Fett einlegen.

Die Nockerl sofort in den vorgewärmten Backofen einschieben und 8–10 Minuten backen. Die Nockerl müssen goldbraun sein.

Mit Puderzucker bestäubt anrichten.

Und so stellen Sie Ihren Backofen ein:

GAS

Schiebeleiste: mittlere
Flammengröße: ½
Temp.-Regler: 4—5
Backzeit: etwa 8—10 Minuten

STROM

Schiebeleiste: untere
Schaltung: OH 3/UH 3
Temp.-Regler: 220°
Backzeit: etwa 8—10 Minuten

Vorheizen!

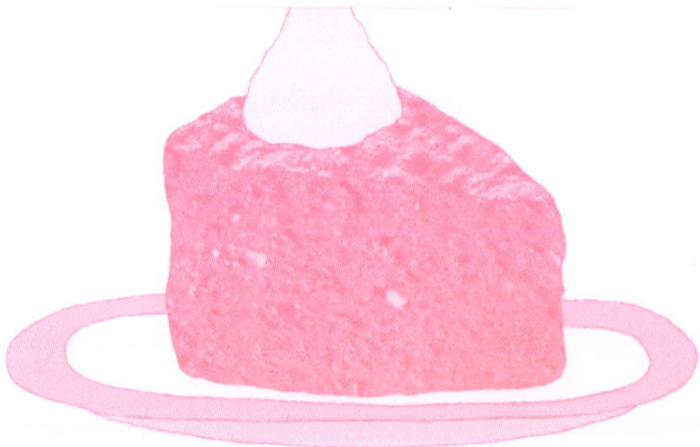

Eischwer kuchen Gerda

3 Eier wiegen
dann soviel in Gramm
Butter - Zucker - Mehl 1 Teelöffel Backpulver

Quark-Mandarinen kuchen ½ Menge Glasform

150gr. Mehl
75gr. Zucker
65gr. Butter
1 Ei
1 Teelöffel Backpulver

Belag:

1 [illegible] Quark
65gr. Zucker
2 Eier
½ Tasse Öl
1 Pckch. Sahnepudding
2 Dosen Mandarinen

175° backen
bis Ränder leicht braun
mit hellen Tortenguß über-
ziehen wenn kalt.

Nervenkekse

Mehl
Type 550
Hefe

Nervenkekse

Mehl
Type 550
Hefe

Nervenkekse

Mehl
Type 550
Hefe

Nervenkekse

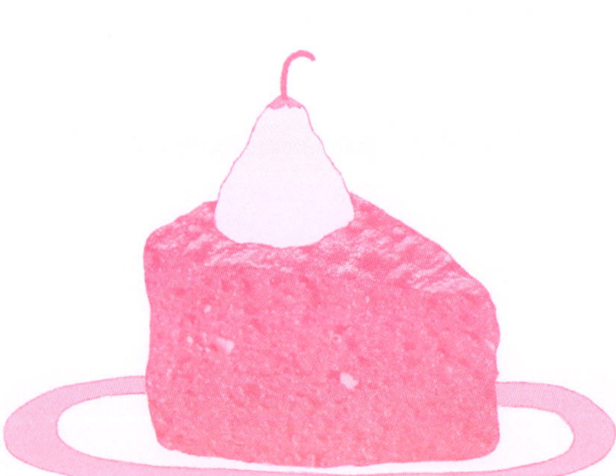

Mehl
Type 550
Hete

Nervenkekse

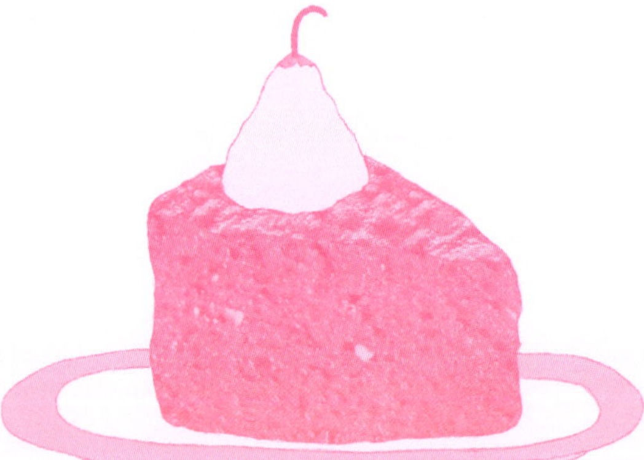

Mehl
Type 550
Hete

Nervenkekse

Mehl
Type 550
Hete

Nervenkekse

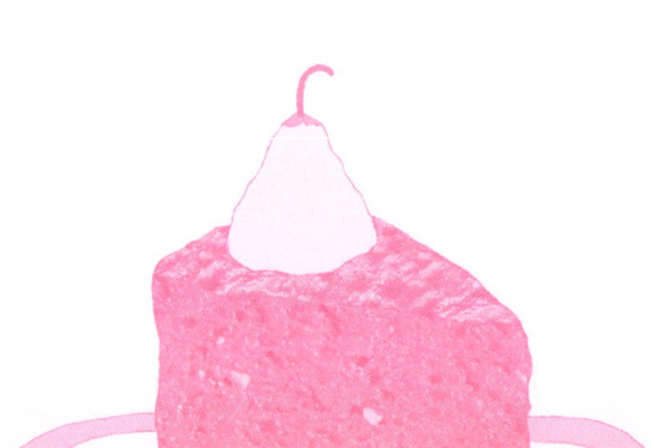

Mehl
Type 550
Hefe

Nervenkekse

Mehl
Type 550
Hete

Nervenkekse

Mehl
Type 550
Hefe

Nervenkekse

Mehl
Type 550
Hete

Nervenkekse

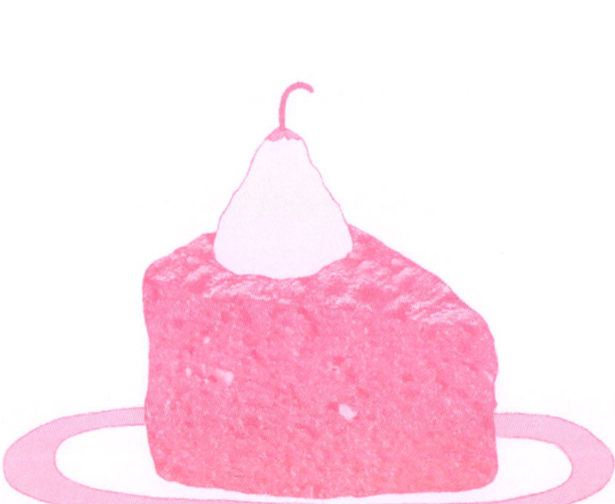

Mehl
Type 550
Hefe